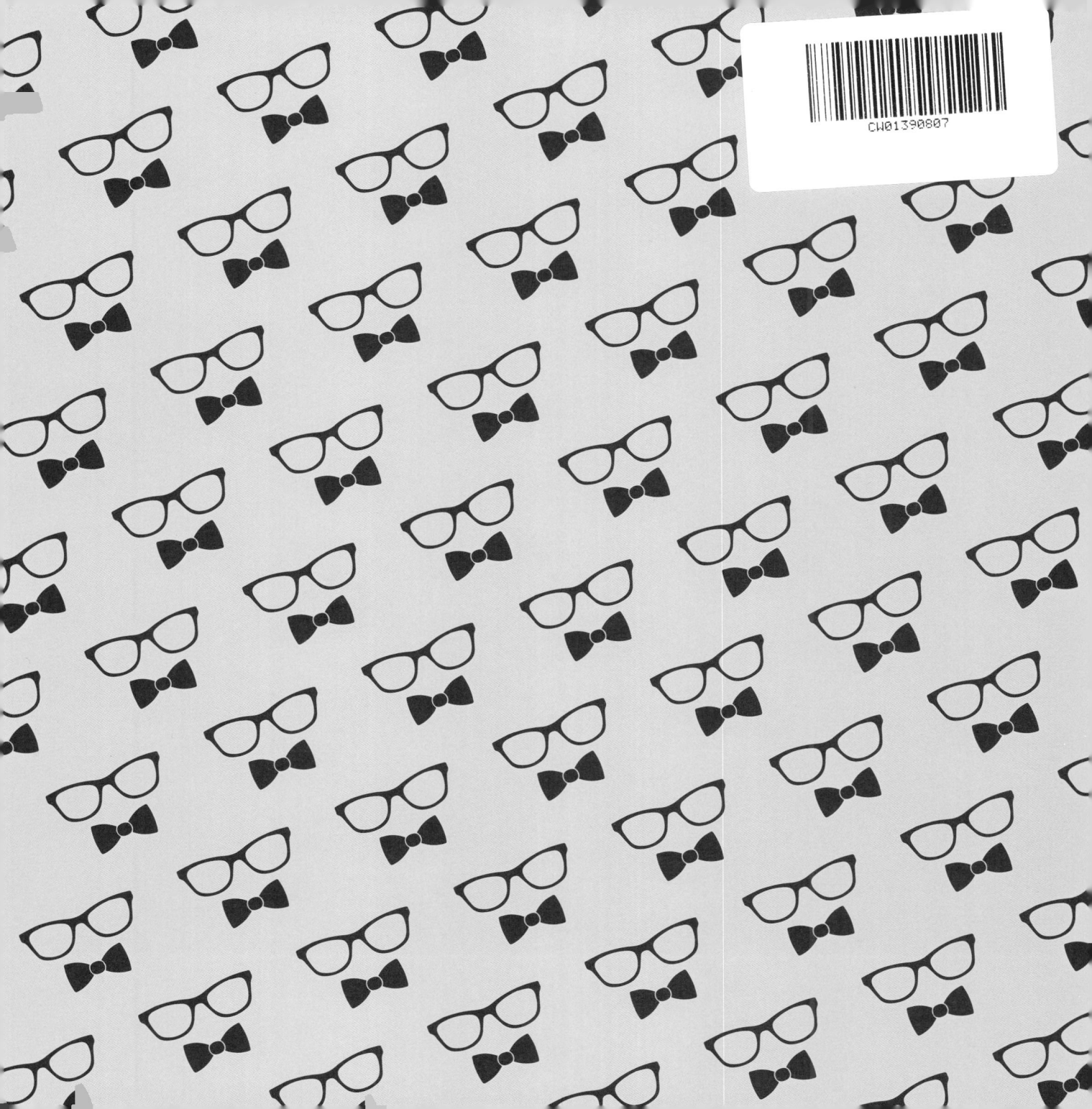

CEGIN MR HENRY

MR HENRY

LLOYD HENRY

Lloyd Henry neu Mr Henry ydw i a dwi'n athro bwyd yn Ysgol Gyfun Gŵyr. Dwi wedi bod yn dysgu'r pwnc Technoleg Bwyd ers dros 10 mlynedd bellach, ar ôl camu i fyd addysg yn dilyn blynyddoedd yn gweithio yn y diwydiant bwyd mewn amrywiaeth o sefydliadau lletygarwch ac arlwyo ar draws y byd.

Dwi'n angerddol am fwyd, a dwi wrth fy modd yn trosglwyddo ac yn rhannu gwybodaeth am fy mhrofiadau personol ynghyd â fy ryseitiau personol. Fy ngobaith yw bod fy mrwdfrydedd tuag at fwyd yn fodd o ysbrydoli'r genhedlaeth nesaf.

Yn ystod y cyfnod clo cyntaf fe ddechreuais i gyfrif Instagram o'r enw @CeginMrHenry i annog teuluoedd i goginio gartref, a chreu atgofion gwerthfawr o goginio gyda'i gilydd.

Credaf yn gryf iawn ei bod hi'n hanfodol i blant wybod sut i goginio, eu bod yn deall ble i ddod o hyd i'w bwyd, ond hefyd fod ganddyn nhw ddealltwriaeth o waith y cynhwysion a rôl bwysig bwyd o ran iechyd a lles. Mae coginio'n sgíl bywyd sy'n bwysig i bawb.

Hoffwn ddiolch i Catrin, fy ngwraig ac i Siôn-Ifan, fy mab am fod yn ysbrydoliaeth i mi bob dydd! Caru chi.

Lloyd

CODAU QR

Os ydych chi'n ansicr ynglŷn ag unrhyw beth am y rysáit, beth am ddefnyddio'r codau QR i weld fideo cyflym am y bwyd sy'n cael ei baratoi. Ymunwch â fi wrth fy ngwaith!

CYNNWYS

TARO DEG!

GEIRFA yn y cefn!

#CEGINMRHENRY

NWDLS RAMEN

Paratoi
5-10 munud

Coginio
5-10 munud

Digon i
1

Cynhwysion

- **Pecyn o nwdls *ramen* sych (bydd 2 becyn bach yn dod gyda'r nwdls, e.e. olew a tsili, a sbeisys)**

- **1 cwpanaid o lysiau cymysg ffres neu wedi'u rhewi, e.e. corn melys, pys**

- **300ml o ddŵr berw**

- **Wy**

- **1 llwy fwrdd o *mayonnaise***

- **Moronen (dewisol)**

- **Persli ffres (dewisol)**

1 Rhowch y nwdls a'r llysiau mewn sosban gyda 300ml o ddŵr berw a'u coginio yn ôl cyfarwyddiadau'r pecyn (os ydych chi'n defnyddio llysiau ffres, eu berwi am 5-10 munud).

2 Mewn powlen fach, cymysgwch gynnwys y 2 becyn sy'n dod gyda'r nwdls, ac mewn powlen fawr cymysgwch yr wy wedi'i guro gyda'r *mayonnaise*.

3 Pan fydd y nwdls a'r llysiau wedi'u coginio, gwaredwch y dŵr o'r sosban.

4 Ychwanegwch y nwdls a'r llysiau at yr wy a'r *mayonnaise*, a hefyd y cymysgedd olew, tsili a sbeisys, a chyfuno popeth yn dda (bydd gwres y nwdls yn coginio'r cymysgedd wy).

5 Ychwanegwch bupur a halen a chymysgu'r cyfan yn dda.

6 Gallwch ei weini gyda moronen wedi'i gratio a'r persli ffres.

Hac Henry

Ychwanegwch y canlynol i greu *ramen* mwy traddodiadol: wy wedi'i ferwi gyda'r melynwy'n eithaf meddal, saws soi a shibwns.

DIM NACHOS? DIM PROBLEM!

Coginio
10 munud

Paratoi
5-10 munud

Digon i
4

Cynhwysion

- **4 *tortilla***
- **2 lwy de o bupur**
- **2 lwy de o halen**
- **2 lwy de o *paprika***
- **2 lwy de o bowdr garlleg**
- **Olew coginio chwistrell**

1. Cynheswch y ffwrn i 200°C/Ffan 180°C/Nwy 6.

2. Torrwch bob *tortilla* yn 8 darn triongl.

3. Rhowch y trionglau *tortilla* ar hambwrdd pobi.

4. Chwistrellwch olew ar bob ochr i'r trionglau.

5. Mewn powlen fach, cymysgwch y pupur, yr halen, y *paprika* a'r powdr garlleg.

6. Ysgeintiwch y cyfan ar bob ochr i'r trionglau.

7. Coginiwch am 10 munud.

8. Gallwch ei weini gyda *salsa* neu *guacamole*.

Hac Henry

I greu salsa, cymysgwch y canlynol mewn powlen:

4-6 tomato canolig wedi'u torri'n fân, ½ nionyn coch, 1 ewin garlleg, sudd ½ leim, llond llaw o ddail coriander wedi'u torri'n fras.

MELYSGYBOLFA

Paratoi
10 munud

Coginio
Dim!

Digon i
4

Cynhwysion

- **6-8 nyth *meringue***

- **300ml o hufen dwbl**

- **Llond llaw o fafon, mefus a llus neu fwyar duon (gallwch ddefnyddio rhai ffres neu rai wedi'u rhewi)**

Ffaith ddiddorol

Mae Melysgybolfa (*Eton Mess*) yn enw da ar y pwdin cymysg tebyg i dreiffl. Daeth *Eton Mess* i fodolaeth mewn gêm griced yng ngholeg Eton yn ôl y sôn. Roedd rhywun wedi paratoi *pavlova* i'r bechgyn ond yn ystod y gêm, gorweddodd ci Labrador ar ben y *pavlova* ac felly roedd rhaid ei gweini yn ddarnau cymysg, blêr!

1 Gyda'ch bysedd neu rolbren, malwch y *meringue* a rhoi'r darnau mewn powlen fawr.

2 Chwisgiwch yr hufen yn bigau trwchus a'i ychwanegu at y *meringue*.

3 Golchwch y mefus, tynnwch eu dail, a'u torri yn eu hanner.

4 Ychwanegwch yr holl ffrwythau at y *meringue* a'r hufen a chymysgu popeth yn dda.

5 Gallwch ei weini mewn powlenni neu wydrau ffansi gyda sbrigyn o fintys ffres i addurno.

6 Cofiwch eu rhoi yn yr oergell os nad ydych am eu bwyta'n syth.

BYNS *PIZZA*

Paratoi
5-10 munud

Coginio
10 munud

Digon i wneud
12

Cynhwysion

- **1 pecyn crwst pwff**
- **1 belen *mozzarella***
- **Wy**
- **1 llwy fwrdd o biwrî tomato**
- **1 llwy fwrdd o *pesto***
- **2-3 sleisen o ham (dewisol)**

1 Cynheswch y ffwrn i 220°C/Ffan 200°C/Nwy 7.

2 Rholiwch y crwst ac yna ei dorri yn ei hanner.

3 Cymysgwch y piwrî tomato gyda ½ llond llwy de o ddŵr.

4 Taenwch y piwrî tomato ar un darn o grwst a'r *pesto* ar y llall.

5 Torrwch y *mozzarella* a'r ham yn ddarnau canolig a'u rhoi ar y piwrî a'r *pesto*.

6 Rholiwch y ddau ddarn o grwst yn dynn – yn debyg i ddwy Swis-rôl!

7 Brwsiwch y rholiau gyda'r wy wedi'i guro.

8 Torrwch bob rholyn yn 6 chylch a'u rhoi ar hambwrdd pobi wedi'i iro ag olew.

9 Coginiwch am 10 munud a'u bwyta yn gynnes neu'n oer.

Hac Henry

Gallwch ddefnyddio caws gwahanol i *mozzarella*, ac ysgeintio caws, *pepperoni* neu berlysiau ar ben y byns.

RHOLIAU SELSIG

Paratoi
10 munud

Coginio
10-12 munud

Digon i wneud
8-10

Cynhwysion

- **1 pecyn crwst pwff**
- **6-8 selsigen o'ch dewis**
- **Wy**

1 Cynheswch y ffwrn i 220°C/Ffan 200°C/ Nwy 7.

2 Torrwch y selsig ar eu hyd a thynnu'r cig o'r croen.

3 Rholiwch y crwst yn weddol denau a brwsio'r ymylon gyda'r wy wedi'i guro.

4 Gwasgarwch y cig selsig dros y crwst.

5 Rholiwch y crwst fel un selsigen fawr gan ddod â 2 ymyl y crwst at ei gilydd i'w gau.

6 Brwsiwch y crwst gyda'r wy wedi'i guro.

7 Torrwch yn 8-10 darn.

8 Rhowch y rholiau ar hambwrdd pobi wedi'i iro ag ychydig o olew.

9 Coginiwch am 10-12 munud.

Hac Henry

I leihau gwastraff, gallwch ailddefnyddio pecyn y crwst pwff i leinio'r hambwrdd (os mai pecyn papur yw e).

PARSELI BETYS A *FETA*

Paratoi
10 munud

Coginio
10-12 munud

Digon i wneud
10-12

Cynhwysion

- **1 pecyn crwst *filo***
- **200g caws *feta***
- **250g betys wedi'u coginio**
- **100g sbigoglys ffres neu wedi'u rhewi**
- **50g menyn**
- **Hadau sesame**
- **Pupur a halen**

1 Cynheswch y ffwrn i 220°C/Ffan 200°C/Nwy 7.

2 Torrwch y betys a'r caws yn ddarnau bach.

3 Os am ddefnyddio sbigoglys ffres, golchwch y dail, eu rhoi mewn sosban a'u cynhesu nes eu bod yn gwywo. Ar ôl iddyn nhw oeri, gwasgwch y dail i waredu'r dŵr (does dim angen coginio sbigoglys sydd wedi'u rhewi).

4 Cymysgwch y sbigoglys, y betys a'r caws ac ychydig o bupur a halen.

5 Torrwch y crwst *filo* yn 4 sgwâr (defnyddiwch tua 2-3 haenen o'r crwst *filo* ar gyfer pob parsel).

6 Brwsiwch y menyn wedi'i doddi ar hyd ymyl y sgwariau a llenwch ganol y parseli gyda llond llwy fwrdd o'r cymysgedd.

7 Plygwch ar ffurf triongl gan wasgu ochrau'r parseli at ei gilydd. Brwsiwch y parseli gyda'r menyn ac ysgeintio ychydig o hadau sesame arnyn nhw.

8 Pobwch ar hambwrdd pobi am 10-12 munud.

9 Gallwch eu gweini'n gynnes neu'n oer.

Hac Henry

Gorchuddiwch y parseli gyda lliain llaith tra bod chi'n paratoi bob parsel yn unigol fel nad yw'r crwst yn sychu ac yn torri.

AMLENNI BACWN A CHAWS

Paratoi
10-15 munud

Coginio
10-12 munud

Digon i wneud
6

Cynhwysion

- **1 haenen o grwst pwff wedi'i rolio'n barod**
- **100g caws *cheddar* aeddfed wedi'i gratio**
- **6 sleisen o facwn wedi'i fygu a'i halltu'n sych**
- **Wy**
- **Pupur du**
- **1 llwy de o fwstard *Dijon* (dewisol)**

1. Cynheswch y ffwrn i 220°C/Ffan 200°C/ Nwy 7.

2. Torrwch yr haenen o grwst pwff yn 6 sgwâr.

3. Cymysgwch y caws gyda digon o bupur du (a mwstard os ydych chi'n dymuno).

4. Rhowch lwyaid o'r caws yng nghanol pob sgwâr crwst a'i daenu o un gornel i'r gornel gyferbyn.

5. Rhowch sleisen o facwn ar ben y caws.

6. Brwsiwch yr wy wedi'i guro ar y crwst, a dod â 2 gornel (neu 4 cornel – dibynnu ar y llenwad) at ei gilydd dros y llenwad i gau'r amlen.

7. Brwsiwch yr wy dros yr amlenni cyn eu rhoi ar hambwrdd pobi wedi'i iro ag olew a'u pobi am 10-12 munud nes bod y caws wedi toddi a'r crwst yn euraidd.

8. Rhowch yr amlenni ar rac weiren i oeri am 5-10 munud cyn eu gweini'n gynnes gyda salad neu lysiau o'ch dewis chi.

Hac Henry

Fe wnaiff y rhain gadw am ddau neu dri diwrnod yn yr oergell.

SPAGHETTI PYSGOD GWYN

Paratoi
10 munud

Coginio
10 munud

Digon i
1

Cynhwysion

- **80g *spaghetti* sych**
- **1 ffiled o bysgod gwyn (ffres neu wedi'i rewi, tua 125g)**
- **½ tsili coch**
- **Persli ffres**
- **Pupur a halen**

1 Coginiwch y *spaghetti* mewn dŵr berw a halen yn ôl cyfarwyddiadau'r pecyn.

2 Yn y cyfamser, cynheswch ½ llwy fwrdd o olew mewn padell ffrio dros wres canolig. Coginiwch y ffiled bysgod yn y badell ffrio, gyda'r croen ar i lawr, am 2-3 munud.

3 Trowch y ffiled bysgod wyneb i waered a'i choginio am funud arall. Codwch yn ofalus o'r badell, tynnu'r croen a'i daflu.

4 Rhowch y *spaghetti* yn yr un badell ffrio a'u coginio am funud (i roi blas ychwanegol i'r pryd bwyd).

5 Torrwch y tsili coch yn fras a'i gymysgu gyda'r persli ffres mewn powlen fach.

6 Rhowch y *spaghetti* ar blât neu mewn powlen, ychwanegu'r pysgod wedi'u torri'n ddarnau bras a chymysgu'r cyfan yn ysgafn.

7 Ysgeintiwch y tsili a'r persli drosto i'w addurno ac i ychwanegu at y blas.

CROISSANTS CYFLYM

Paratoi
10 munud

Coginio
10 munud

Digon i wneud
12

Cynhwysion

- **1 pecyn crwst pwff**
- **1 potyn siocled taenu**
- **Wy**

Ffaith ddiddorol

Ystyr yr enw Ffrangeg *croissant* yw 'hanner lleuad'. Daw'r teisennau crwst hyn yn wreiddiol o Awstria ac mae'n debyg iddyn nhw gael eu creu ar ôl buddugoliaeth yn erbyn Twrci, sydd â hanner lleuad ar ei baner.

1 Cynheswch y ffwrn i 220°C/Ffan 200°C/Nwy 7.

2 Torrwch y crwst yn 6 sgwâr.

3 Torrwch bob sgwâr yn ei hanner, o gornel i gornel, i greu 12 triongl.

4 Rhowch lond llwy de o'r siocled ar ganol pob triongl.

5 Rholiwch y trionglau o un ymyl i'r gornel gyferbyn.

6 Cyrliwch y ddau ben am i mewn.

7 Brwsiwch y *croissants* gyda'r wy wedi'i guro cyn eu gosod ar hambwrdd pobi wedi'i iro â menyn.

8 Pobwch am 10 munud ac yna eu rhoi ar rac weiren i oeri.

9 Gallwch ddefnyddio jam neu geuled lemon yn lle siocled.

BISGEDI BRAU

Paratoi
10 munud

Coginio
8-10 munud

Digon i wneud
10-12

Cynhwysion

- **150g blawd codi**
- **100g menyn meddal**
- **50g siwgr mân**

Ffaith ddiddorol

Roedd pobl Aberffraw, Ynys Môn, yn arfer siapio'r bisgedi hyn â chragen glan y môr. Mae rhai yn dal i'w galw yn Teisennau 'Berffro hyd heddiw.

1 Cynheswch y ffwrn i 180°C/Ffan 160°C/Nwy 4.

2 Irwch hambwrdd pobi â menyn.

3 Cymysgwch y menyn a'r siwgr mân.

4 Ychwanegwch y blawd codi gan gymysgu'n dda ond nid yn ormodol.

5 Dewch â'r cymysgedd at ei gilydd gyda'ch dwylo i wneud pelen o does.

6 Ysgeintiwch ychydig o flawd ar y bwrdd a rholio'r toes nes ei fod yr un trwch â darn punt.

7 Torrwch tua 10-12 bisged gyda thorrwr bisgedi a'u rhoi ar yr hambwrdd pobi.

8 Rhowch y bisgedi yn y ffwrn a'u pobi am 8-10 munud.

9 Tynnwch nhw o'r ffwrn a'u rhoi ar rac weiren i oeri.

CYRI TATWS MELYS

Paratoi
10-15 munud

Coginio
35-40 munud

Digon i
4

Cynhwysion

- **1-2 tatws melys**
- **Pecyn 250g sbigoglys ffres neu wedi'i rewi**
- **Tun 400g ffacbys**
- **Tun 400ml o laeth cnau coco**
- **Nionyn**
- **3 ewin garlleg**
- **2 lwy fwrdd o biwrî tomato**
- **1 llwy de o sinsir ffres**
- **1 llwy de o *garam masala***
- **1 llwy de o bowdr cyri**

1 Pliciwch, torrwch a ffriwch y nionyn, y sinsir a'r garlleg mewn llond llwy fwrdd o olew mewn padell ffrio am tua 5 munud, nes eu bod nhw'n sgleinio ond heb frownio.

2 Ychwanegwch y sbeisys eraill (a phupur a halen os ydych chi'n dymuno) a'u coginio am 4-5 munud.

3 Crafwch a thorrwch y tatws melys yn giwbiau bach a'u hychwanegu i'r sosban.

4 Ychwanegwch y piwrî tomato a 150ml o ddŵr a choginio'r cyfan am 4-5 munud i ddeffro'r blasau gwahanol.

5 Gwaredwch y dŵr o'r tun ffacbys a'u hychwanegu i'r badell.

6 Ychwanegwch y llaeth cnau coco.

7 Coginiwch y cyri am 10-15 munud (neu nes fod y tatws yn feddal) cyn ychwanegu'r sbigoglys a'i goginio am 2 funud arall.

8 Gallwch ei weini gyda reis.

TSILI FFA

Paratoi
10 munud

Coginio
25-30 munud

Digon i
4

Cynhwysion

- Tun 400g ffa coch
- Tun 400g ffa menyn
- Tun 400g ffa *haricot*
- Tun 400g tomatos
- Nionyn
- Corbwmpen
- Moronen
- Ewin garlleg
- 1 llwy de o *paprika*
- 1 llwy de o bowdr tsili

1 Pliciwch, torrwch a ffriwch y nionyn a'r garlleg mewn llond llwy fwrdd o olew mewn padell ffrio am 5 munud.

2 Ychwanegwch y powdr tsili a'r *paprika*.

3 Ychwanegwch y 3 math o ffa (wedi'u draenio) a'r tomatos a'u coginio am 15 munud.

4 Torrwch y gorbwmpen yn giwbiau bach a'u hychwanegu at y cymysgedd.

5 Gratiwch y foronen a'i hychwanegu at y cymysgedd cyn coginio'r tsili am 5 munud arall.

6 Gallwch ei weini gyda reis (ac ychydig o bersli ffres/afocado/tomatos bach i addurno a rhoi blas os ydych chi'n dymuno).

Hac Henry

Teimlo'n fentrus? Ychwanegwch lond llwy de o sinamon, coffi cryf, powdr coco neu siocled tywyll yng ngham 2 i roi blas cryfach i'r tsili.

CASEROL SELSIG

Paratoi
15 munud

Coginio
60 munud

Digon i
4

Cynhwysion

- 6-8 selsig o'ch dewis
- Swejen
- Moronen
- Nionyn
- 115g madarch
- ½ pupur coch neu felyn
- 300g *passata* neu dun tomatos
- Ciwb stoc llysiau
- 1 llwy fwrdd o saws Caerwrangon
- 1 llwy de o *paprika*
- ½ llwy de o unrhyw sbeisys neu berlysiau (dewisol)

1. Cynheswch y ffwrn i 180°C/ Ffan 160°C/Nwy 4.

2. Torrwch y nionyn, y madarch a'r pupur yn stribedi.

3. Cynheswch lond llwy fwrdd o olew mewn padell ffrio a ffriwch y selsig.

4. Ychwanegwch y nionod, y madarch a'r pupur at y selsig a'u coginio am 5-7 munud. Yna rhowch y cyfan mewn dysgl gaserol.

5. Torrwch y swejen a'r foronen yn giwbiau, eu rhoi yn y ddysgl gaserol a chymysgu'r cyfan yn dda.

6. Ychwanegwch y *passata* neu'r tomatos, *paprika,* saws Caerwrangon a'r ciwb stoc (a'r sbeisys neu'r perlysiau) a gorchuddio'r cyfan â dŵr.

7. Gosodwch y caead (neu ffoil) a choginio'r caserol am awr. Trowch y caserol bob hyn a hyn gan ychwanegu pupur a halen os oes angen.

8. Gallwch ei weini â thatws stwnsh neu lysiau o'ch dewis chi.

CACEN LEMON

Paratoi
10 munud

Coginio
35-40 munud

Digon i
6-8

Cynhwysion

- **100g margarîn meddal**
- **175g siwgr mân**
- **175g blawd codi**
- **2 wy wedi'u curo**
- **4 llwy fwrdd o laeth**
- **1 llwy de o bowdr codi**
- **Croen 1 lemon (cadwch ychydig o'r croen i wneud yr eisin)**

Eisin

- **100g siwgr mân**
- **Sudd 1 lemon**
- **Ychydig o groen y lemon**

1 Cynheswch y ffwrn i 180°C/Ffan 160°C/Nwy 4.

2 Rhowch yr holl gynhwysion mewn powlen fawr a'u cymysgu'n dda gyda llwy bren (am tua 10 munud) neu gallwch ddewis chwisg trydan (am tua 2 funud) nes bydd y cymysgedd yn llyfn ac yn ysgafn.

3 Rhowch y cymysgedd mewn tun torth wedi'i iro â menyn a'i daenu'n wastad â chyllell neu gefn llwy.

4 Pobwch am 35-40 munud nes bydd y gacen yn bownsio'n ôl wrth bwyso'n ysgafn arni, neu pan fydd sgiwer yn dod ohoni'n lân.

5 Paratowch yr eisin. Torrwch y lemon yn ei hanner a gwasgu'r sudd i bowlen fach. Ychwanegwch y siwgr a'r croen lemon (wedi'i gratio'n fân) sy'n weddill ar ôl gwneud y gacen a'i gymysgu'n dda.

6 Pan ddaw'r gacen allan o'r ffwrn, defnyddiwch sgiwer neu fforc i wneud tyllau bach ynddi.

7 Taenwch yr eisin lemon ar ei phen tra bydd yn dal yn boeth, er mwyn i'r eisin lemon suddo i mewn i'r gacen.

8 Gadewch i'r gacen oeri cyn ei thynnu allan o'r tun pobi.

HEOL HOCYS

Paratoi
30-60 munud

Coginio
Dim!

Digon i wneud
12

Cynhwysion

- **175g siocled tywyll**
- **125g siocled llaeth**
- **200g bisgedi *Digestive* neu *Rich Tea* wedi'u malu**
- **75g menyn**
- **75g malws melys bach**
- **75g resins**
- **50g cnau cyll**
- **50g hadau pwmpen**
- **2 lwy fwrdd o surop melyn**
- **Siwgr eisin i addurno**

Ffaith ddiddorol

Yn ôl pob sôn, fe grëwyd y bisgedi hyn gan bobl o Ewrop oedd wedi ymfudo i wledydd pell fel Awstralia yn ystod y 19eg ganrif. Y syniad oedd defnyddio'r melysion oedd wedi mynd yn hen yn ystod y daith bell. Bydden nhw'n cymysgu'r melysion hyn â chnau lleol a siocled rhad. Hyfryd iawn!

1 Irwch dun pobi 20cm x 30cm â menyn.

2 Torrwch y siocled tywyll a'r siocled llaeth a'u rhoi mewn powlen sy'n dal gwres.

3 Ychwanegwch y surop melyn a'r menyn wedi'i doddi a rhoi'r bowlen dros sosban o ddŵr sy'n mudferwi (peidiwch â gadael i waelod y bowlen gyffwrdd â'r dŵr).

4 Trowch y menyn, y surop a'r siocled nes eu bod wedi toddi ac yn llyfn.

5 Tynnwch y bowlen oddi ar y gwres a'i gadael i oeri am 5 munud – os yw'n rhy boeth bydd y malws melys yn toddi.

6 Rhowch y bisgedi, y malws melys, y cnau cyll (wedi'u torri'n fras), yr hadau pwmpen a'r resins yn y cymysgedd siocled a throi'r cyfan yn ofalus.

7 Arllwyswch y cymysgedd i'r tun a'i daenu'n wastad gyda chefn llwy.

8 Rhowch y tun yn yr oergell am o leiaf awr, neu nes bod y cymysgedd wedi caledu'n llwyr.

9 Torrwch yn fariau. Mwynhewch!

PASTA TIWNA A BROCOLI

Paratoi
15 munud

Coginio
20-25 munud

Digon i
4

Cynhwysion

- **500g pasta o'ch dewis**
- **Tun tiwna (tua 200g)**
- **1 brocoli cyfan neu 8-10 blodigyn brocoli ffres neu wedi'u rhewi**
- **500ml o laeth**
- **200g caws wedi'i gratio**
- **50g menyn**
- **50g blawd plaen**
- **1 llwy de o halen**
- **1 llwy de o bupur**
- **Persli ffres**

1. Coginiwch y pasta mewn dŵr berw a halen yn ôl y cyfarwyddiadau sydd ar y pecyn.

2. Pan fydd y pasta bron yn barod, ychwanegwch y brocoli am y 2-3 munud olaf, er mwyn i'r brocoli feddalu ychydig.

3. Cynheswch y menyn, y blawd a'r llaeth mewn sosban ar wres canolig i greu'r saws. Dewch â'r cymysgedd i'r berw yn araf, gan chwisgio'n gyson nes bod y saws yn llyfn ac yn drwchus.

4. Coginiwch y saws am 2-3 munud arall, gan barhau i droi nes bydd yn ddigon trwchus i orchuddio cefn llwy. Ychwanegwch bupur a halen a hanner y caws er mwyn iddo doddi yn y saws.

5. Arllwyswch y dŵr o'r pasta a'r brocoli a'u rhoi mewn dysgl fas sy'n dal gwres. Malwch y tiwna ar ben y cyfan.

6. Arllwyswch y saws caws dros bopeth a throi'r cymysgedd yn ofalus. Gwasgarwch y caws sy'n weddill ar ben y cyfan.

7. Rhowch y ddysgl dan y gril ar wres uchel am 4-5 munud, neu nes bod y caws wedi toddi ac yn dechrau troi'n euraidd.

8. Dylech ei weini ar unwaith gan ei addurno gyda'r persli.

Hac Henry

Os am roi tipyn o gic i'r pryd yma o fwyd, rhowch lwyaid o fwstard melyn yn y saws caws.

CWPANAU *FILO* FFRWYTHAU

Paratoi
15 munud

Coginio
10 munud

Digon i wneud
12

Cynhwysion

- **1 pecyn 250g crwst *filo***
- **300ml o hufen dwbl**
- **50g menyn**
- **150g llus**
- **125g mafon**
- **125g mefus**
- **1 llwy fwrdd o siwgr eisin**
- **1 llwy de o rin fanila**
- **Siwgr eisin i addurno**
- **Dail mintys ffres**

1. Cynheswch y ffwrn i 200°C/Ffan 180°C/Nwy 6.

2. Torrwch y crwst *filo* yn sgwariau (tua 9 sgwâr i bob dalen o grwst *filo*).

3. Irwch dun myffin gyda'r menyn wedi'i doddi. Rhowch dri sgwâr bach o grwst *filo* ym mhob twll yn igam ogam i'w gilydd.

4. Brwsiwch y crwst gyda'r menyn wedi'i doddi a'i roi yn y ffwrn am 10 munud.

5. Tra bod y cwpanau'n coginio, chwisgiwch yr hufen, y siwgr eisin a'r rhin fanila fel eich bod yn gallu creu 'pigau uchel' o fewn y gymysgedd.

6. Golchwch a thorrwch y ffrwythau.

7. Tynnwch y cwpanau crwst o'r ffwrn a'u gadael i oeri am o leiaf 10 munud.

8. Llenwch y cwpanau gyda'r hufen a'r ffrwythau a'u haddurno â dail mintys ffres a siwgr eisin cyn eu gweini.

Hac Henry

Gan fod *filo*'n grwst tenau a brau, gweithiwch ar fwrdd sych a llyfn.

CIG EIDION MÊL A SAWS SOI

Cynhwysion

- 600g stribedi cig eidion
- 3-4 pecyn nwdls ffres
- 1 brocoli ffres neu 8-10 coesyn brocoli wedi'u rhewi
- 2 lwy fwrdd o saws soi
- 2 lwy fwrdd o siwgr brown
- 2 lwy fwrdd o fêl
- 2 lwy fwrdd o hadau sesame
- 4 shibwnsyn (dewisol)
- 200g madarch (dewisol)
- 150g corn melys bach (dewisol)

Paratoi 10 munud

Coginio 10 munud

Digon i 4

1 Ffriwch y cig eidion mewn 2 lwy fwrdd o olew ar wres uchel, ac yna ychwanegwch y siwgr brown, y saws soi a'r mêl.

2 Pan fydd y cig wedi brownio, ychwanegwch y brocoli (y shibwns, y corn melys a'r madarch wedi'u sleisio) a'u coginio am 1-2 funud.

3 Ychwanegwch y nwdls ffres a choginio'r cyfan am 5 munud.

4 Ychwanegwch yr hadau sesame a chymysgu popeth yn dda.

5 Dylech ei weini mewn powlenni bach ac ysgeintio ychydig o hadau sesame ar ei ben.

CYRI GWYRDD GWLAD THAI

Paratoi
10 munud

Coginio
40 munud

Digon i
4

Cynhwysion

- **300g cyw iâr heb asgwrn na chroen**
- **Tun 400ml o laeth cnau coco**
- **Llond llaw o ffa gwyrdd**
- **2 tsili ffres neu ½ llwy de o bowdr tsili**
- **Shibwnsyn**
- **Ewin garlleg**
- **2 lwy fwrdd o bast cyri gwyrdd Thai**
- **1 llwy de o siwgr**
- **1 llwy de o sinsir ffres**
- **Coriander ffres (tua llond llaw)**

1. Cynheswch lond llwy fwrdd o olew mewn *wok* neu badell ffrio fawr ac ychwanegu'r past cyri, y garlleg, y sinsir a'r siwgr. Coginiwch ar wres uchel am funud.

2. Torrwch y cyw iâr yn ddarnau bach. Trowch y gwres ychydig yn is ac ychwanegu'r cyw iâr i'r *wok* neu badell ffrio.

3. Ychwanegwch y llaeth cnau coco a mudferwi popeth am 25-30 munud nes iddo dewhau ychydig.

4. Torrwch y coriander yn fân a thynnwch yr hadau o'r tsilis a'u torri. Ychwanegwch y coriander, y tsili a'r ffa gwyrdd at y cyri.

5. Coginiwch am 8 munud cyn diffodd y gwres a gadael y cyri am ychydig funudau i'r saws dewhau.

6. Addurnwch gyda'r shibwns wedi'u torri'n fân a'i weini gyda reis.

Hac Henry

Cyfrinach Cyri Gwyrdd Gwlad Thai llwyddiannus yw defnyddio digon o gynhwysion aromatig. Dewis arall fyddai ychwanegu sudd leim at gam 2 a cham 5.

BYRGYRS MR HENRY

Paratoi
20 munud

Coginio
20 munud

Digon i wneud
4-6

Cynhwysion

- **500g briwgig eidion**
- **Nionyn**
- **2 ewin garlleg**
- **Wy**
- **1 llwy de o *paprika***
- **1 llwy de o berlysiau cymysg**
- **Rôls bara**
- **Letys**
- **Tomatos**
- **Caws**

1 Torrwch y nionyn a'r garlleg yn fân a'u ffrio mewn llond llwy fwrdd o olew am 5 munud nes byddan nhw'n lliw euraidd.

2 Mewn powlen fawr, cymysgwch y briwgig eidion, y perlysiau, y *paprika* a'r wy wedi'i guro.

3 Ychwanegwch y nionyn a'r garlleg wedi'u ffrio (a halen a phupur os ydych chi'n dymuno) at y briwgig.

4 Defnyddiwch eich dwylo i gymysgu popeth yn dda a siapio'r byrgyrs.

5 Coginiwch y byrgyrs o dan y gril neu mewn padell ffrio (neu ar farbeciw yn yr haf) am ryw 5 munud bob ochr.

6 Wrth i ail ochr y byrgyrs goginio, rhowch gaws arnyn nhw i doddi (dewisol).

7 Tostiwch y rôls bara o dan y gril er mwyn osgoi bara soeglyd. Ychwanegwch y letys, y byrgyrs a'r tomatos wedi'u sleisio.

8 Gallwch eu gweini gyda sôs coch neu gydag unrhyw saws o'ch dewis chi!

CEBABS CIG OEN

Paratoi
10-15 munud

Coginio
15-20 munud

Digon i
2

Cynhwysion

- 500g briwgig cig oen
- 250g *couscous*
- 100g caws *feta*
- 400ml o ddŵr berw
- 2 ewin garlleg
- 80g hadau pomgranad
- 1 llwy de o bowdr cwmin
- 2 lwy de o bowdr coriander
- Mintys ffres

Saws (dewisol)
- 3 llwy fwrdd o iogwrt Groegaidd
- 1½ llwy de o saws mintys

1 Cynheswch y ffwrn i 220°C/ Ffan 200°C/Nwy 7.

2 Cymysgwch y briwgig, y cwmin, y coriander, y garlleg wedi'i dorri'n fân a hanner y mintys ffres yn dda.

3 Cymerwch lond llaw o'r cymysgedd, ei rolio'n siâp selsig a rhoi ffon bren drwyddo (dylech allu gwneud 6-8 cebab).

4 Rhowch y *couscous* mewn powlen gyda'r dŵr berw a'i adael am funud.

5 Rhowch y cebabs ar dun pobi a'u coginio yn y ffwrn am 10-15 munud.

6 Torrwch y caws *feta* a'i gymysgu â gweddill y mintys ffres.

7 Ychwanegwch yr hadau pomgranad, a'r caws *feta* a'r mintys at y *couscous*.

8 Tynnwch y cebabs o'r ffwrn a'u gweini gyda'r *couscous*.

9 Cymysgwch yr iogwrt a'r saws mintys.

10 Rhowch ambell lwyaid o'r saws mintys dros y cebabs cyn eu gweini.

Hac Henry

Er mwyn gwneud yn siŵr nad yw'r ffyn pren yn llosgi, rhowch nhw i socian mewn dŵr am ychydig funudau cyn dechrau.

FOCACCIA

Paratoi
2 awr

Coginio
20 munud

Digon i
4

Cynhwysion

- 500g blawd plaen cryf
- 7g burum sych
- 400ml o ddŵr poeth
- Tua 5 llwy fwrdd o olew olewydd
- 2 lwy de o halen môr
- 1 llwy de o halen cyffredin
- Rhosmari ffres

1 Rhowch y blawd mewn powlen fawr. Cymysgwch y burum ar un ochr o'r blawd a'r halen ar yr ochr arall, yna cymysgwch y cyfan (mae'r gwahanu yn atal yr halen rhag lladd y burum).

2 Gwnewch dwll yng nghanol y blawd. Ychwanegwch 2 lwy fwrdd o olew olewydd cyn ychwanegu tua 350ml-400ml o ddŵr poeth yn raddol nes bydd gennych does ychydig yn ludiog.

3 Rhowch ychydig o flawd ar y bwrdd. Yna tylinwch y toes ar y bwrdd am 5-10 munud nes ei fod yn feddal ac ychydig yn llai gludiog.

4 Rhowch y toes mewn powlen lân a'i orchuddio â lliain a'i adael i godi am awr nes ei fod wedi dyblu mewn maint.

5 Irwch dun pobi hirsgwar yn dda ag ychydig o olew. Rhowch y toes yn y tun a'i ymestyn hyd at yr ymylon.

6 Gorchuddiwch y tun â lliain sychu llestri a gadael y toes i godi am 35-45 munud arall.

7 Cynheswch y ffwrn i 220°C/ Ffan 200°C/Nwy 7. Gwasgwch eich bysedd i mewn i'r toes i greu pantiau neu gallwch wneud tyllau mân â sgiwer.

8 Cymysgwch 2 lwy fwrdd o'r olew olewydd, 1 llwy fwrdd o ddŵr a'r halen môr a'u taenu dros y *focaccia*. Gwthiwch sbrigyn bach o rosmari i'r tyllau yn y toes.

9 Pobwch am 20 munud nes bydd y bara wedi crasu'n euraidd. Tra bod y *focaccia* yn dal yn boeth, arllwyswch 1-2 lwy fwrdd o olew olewydd drosto.

10 Torrwch y bara'n sgwariau a'i weini'n gynnes neu'n oer gydag olew olewydd.

Hac Henry

Beth am fynd ati i wneud dip sy'n hawdd ac yn gyflym i'w baratoi? Cymysgwch tua 150ml o olew olewydd gyda 4-5 llond llwy fwrdd o finegr balsamig. Bendigedig!

CAWL MORON A CORIANDER

Paratoi
15 munud

Coginio
25 munud

Digon i
4

Cynhwysion

- **450g moron**
- **Nionyn**
- **Ciwb stoc llysiau**
- **1 llwy de o bowdr coriander neu lond llaw o goriander ffres**
- **Coriander ffres ar gyfer addurno'r cawl (dewisol)**
- **Hufen dwbl (dewisol)**

1 Cynheswch lond llwy fwrdd o olew mewn sosban. Pliciwch y nionyn a'i dorri'n fân a'i goginio am 5 munud nes ei fod wedi meddalu.

2 Ychwanegwch y coriander ffres neu gallwch ddewis bowdr coriander a berwi'r cyfan am funud arall.

3 Pliciwch a thorrwch y moron yn giwbiau.

4 Ychwanegwch y moron a'r ciwb stoc (wedi'i doddi mewn 1½ litr o ddŵr berw) at y nionyn a dod â'r cyfan i'r berw, cyn gostwng y gwres.

5 Rhowch gaead ar y sosban. Coginiwch y cawl am 20 munud nes bod y moron yn dyner.

6 Rhowch y cawl mewn prosesydd bwyd gan ychwanegu â llond llaw o ddail coriander nes ei fod yn llyfn.

7 Arllwyswch y cawl yn ôl i'r sosban a'i flasu (ychwanegwch bupur a halen yn ôl eich dewis chi).

8 Ailgynheswch y cawl am 2-3 munud ar wres isel.

9 Arllwyswch y cawl i bowlenni a'i addurno â llond llwy fwrdd o hufen dwbl ac ychydig o ddail coriander ffres.

10 Gallwch weini'r cawl gyda bara cynnes a chaws.

Hac Henry

Gallwch rewi'r cawl yma drwy ei arllwys i fag plastig sy'n cau'n dynn a'i osod yn fflat yn y rhewgell.

CACENNAU CAWS

Paratoi
15-20 munud

Coginio
Dim!

Digon i
4-6

Cynhwysion

- 250g bisgedi *Digestive* neu sinsir
- 400g caws meddal
- 300ml o hufen dwbl
- 100g menyn
- 100g siwgr eisin
- 1 llwy fwrdd o rin fanila neu sudd lemon
- Ffrwythau ffres neu wedi'u rhewi (dewisol)

1 Rhowch y bisgedi mewn bag bwyd a'u malu'n friwsion gyda rholbren.

2 Toddwch y menyn mewn sosban ar wres canolig.

3 Rhowch y briwsion bisgedi mewn powlen, yna ychwanegwch y menyn. Cymysgwch yn dda.

4 Gwasgwch y cymysgedd i waelod 4-6 dysgl fflan (8-10cm) wedi'u hiro â menyn.

5 Rhowch y dysglau yn yr oergell tra byddwch chi'n paratoi'r llenwad.

6 Rhowch y caws meddal, y siwgr eisin, a'r rhin fanila neu'r sudd lemon mewn powlen, yna chwisgiwch y cyfan nes ei fod yn llyfn.

7 Ychwanegwch yr hufen dwbl i'r bowlen gan ddal ati i gymysgu nes bod y cynhwysion wedi'u cymysgu'n dda.

8 Tynnwch y dysglau allan o'r oergell a rhowch y llenwad ar ben yr haen fisged, gan wneud yn siŵr nad oes swigod aer yn aros ar y top.

9 Ewch ati i addurno'r cacennau caws fel y dymunwch (os byddwch yn ddefnyddio ffrwythau sydd ychydig yn wlyb, e.e. mafon, addurnwch ychydig funudau cyn gweini).

10 Oerwch y cacennau caws yn yr oergell am o leiaf 2 awr. Dewch â'r cacennau caws i dymheredd yr ystafell tua 30 munud cyn gweini.

Hac Henry

Gallwch ddefnyddio llaeth cyddwysedig a 4 llwy fwrdd o sudd lemon yn lle hufen dwbl - bydd hwn yn caledu wrth gymysgu gyda'r caws meddal.

STROGANOFF CIG EIDION

Paratoi
10 munud

Coginio
25 munud

Digon i
4

Cynhwysion

- 500g cig eidion wedi'i sleisio
- 250g madarch
- 150g *crème fraîche*
- 15g menyn
- Ciwb stoc cig eidion
- Nionyn
- Ewin garlleg
- 1 llwy fwrdd o flawd plaen
- 1 llwy fwrdd o fwstard melyn
- Persli ffres (tua llond llaw)

1 Cynheswch 1 llwy fwrdd o olew olewydd mewn sosban. Pliciwch y nionyn, ei dorri'n fân a'i ffrio ar wres canolig am ryw 5 munud nes ei fod wedi meddalu.

2 Torrwch y garlleg a'i ychwanegu at y nionyn. Coginiwch am 2-3 munud cyn ychwanegu'r menyn.

3 Ar ôl i'r menyn ddechrau toddi, ychwanegwch y madarch wedi'u sleisio. Coginiwch am tua 5 munud nes eu bod wedi meddalu.

4 Blaswch y cymysgedd gan ychwanegu pupur a halen os oes angen. Tynnwch y sosban oddi ar y gwres.

5 Cymysgwch y blawd mewn powlen gyda digon o bupur a halen, yna trochwch y cig eidion wedi'i sleisio yn y blawd.

6 Mewn padell ffrio gynnes, ffriwch y cig am 3-4 munud nes ei fod wedi brownio'n dda, gan ychwanegu ychydig o olew os yw'r badell yn sychu.

7 Ychwanegwch y nionod a'r madarch at y cig yn y badell ffrio.

8 Ychwanegwch y *crème fraîche*, y mwstard a'r ciwb stoc (wedi'i doddi mewn 100ml o ddŵr berw).

9 Coginiwch y cyfan ar wres canolig am ryw 5 munud.

10 Gallwch weini'r *stroganoff* gyda reis neu datws wedi'u berwi a llysiau gwyrdd a'i addurno ag ychydig o bersli wedi'i dorri'n fân.

Hac Henry

Er mwyn sicrhau bod y cig yn dyner, coginiwch yn araf.

CRYMBL EOG A LLYSIAU

Paratoi
20 munud

Coginio
35 munud

Digon i
4

Cynhwysion

Llenwad
- Tun eog (tua 200g)
- 3 moronen
- 2-3 taten felys
- 2 genhinen
- Swejen
- Ciwb stoc llysiau
- 200ml o *crème fraîche*
- 2 lwy fwrdd o flawd plaen
- 1 llwy fwrdd o fwstard grawn cyflawn
- 1 llwy de o ddail teim

Crymbl
- 50g menyn
- 50g blawd plaen
- 50g caws *parmesan* wedi'i gratio
- 25g ceirch neu stwffin sych
- 50g almon mâl (dewisol)

1 Toddwch y ciwb stoc mewn 400ml o ddŵr berw a'i roi mewn sosban ar wres canolig.

2 Ychwanegwch y swejen, y moron a'r tatws melys wedi'u torri'n giwbiau a'r cennin wedi'u sleisio. Rhowch gaead ar y sosban a choginio'r cyfan am 10 munud.

3 Mewn powlen, chwisgiwch y *crème fraîche* gyda'r blawd a'r mwstard.

4 Ychwanegwch y cymysgedd *crème fraîche* a'r teim at y llysiau nes bod y cyfan yn tewhau. Tynnwch y sosban oddi ar y gwres.

5 Gwaredwch y dŵr o'r tun eog cyn rhoi'r pysgodyn yn y cymysgedd yn y sosban.

6 Gwnewch y crymbl. Torrwch y menyn yn giwbiau a'u rhwbio i'r blawd.

7 Ychwanegwch y caws *parmesan*, yr almon mâl a'r ceirch neu'r stwffin sych.

8 Rhowch y llenwad eog a'r llysiau mewn dysgl wedi'i hiro ag olew.

9 Gwasgarwch y crymbl ar ben y llenwad.

10 Cynheswch y ffwrn i 190°C/Ffan 170°C/Nwy 5 a phobi'r crymbl am 20-25 munud nes ei fod yn euraidd.

Hac Henry

Ar frys? Defnyddiwch becyn o lysiau wedi'u golchi a'u torri'n barod a gallwch ddefnyddio pysgodyn ffres, tun neu wedi'i rewi hefyd.

PASTAI CIG OEN A MINTYS

🥄 Paratoi
15 munud

⏱️ Coginio
30 munud

🍴 Digon i
4

Cynhwysion

- **300g briwgig cig oen**
- **2 becyn crwst brau**
- **Mintys ffres**
- **2 lwy de o flawd corn**
- **Wy**
- **1 llwy fwrdd o saws Caerwrangon**
- **Pecyn o lysiau cawl wedi'u torri'n barod**

neu

- **2 daten wedi'u plicio a'u torri'n fân**
- **Moronen wedi'i thorri'n fân**
- **Swejen wedi'i phlicio a'i thorri'n fân**
- **½ nionyn wedi'i dorri'n fân**

1 Cynheswch lond llwy fwrdd o olew mewn padell ffrio fawr nad yw'n glynu dros wres canolig.

2 Ffriwch y llysiau a'r briwgig cig oen am 5 munud neu nes bod y llysiau wedi dechrau meddalu.

3 Cymysgwch y blawd corn â ¼ cwpanaid o ddŵr oer i greu past llyfn. Ychwanegwch y past a'r saws Caerwrangon i'r cymysgedd.

4 Mudferwch y cyfan am 3-4 munud nes bod y cymysgedd wedi tewhau.

5 Tynnwch oddi ar y gwres a'i roi o'r neilltu i oeri am 10-15 munud.

6 Cynheswch y ffwrn i 180°C/Ffan 160°C/Nwy 4. Irwch hambwrdd pobi ag olew.

7 Rholiwch y crwst a defnyddiwch dorrwr crwn (tua 12cm o led) i dorri 10 cylch a gorchuddio yr ymylon gydag ychydig o'r wy wedi'i guro.

8 Rhowch lond llwy fwrdd o'r cymysgedd briwgig ar hanner bob cylch cyn eu plygu at ei gilydd i'w cau.

9 Pwyswch yr ymylon i selio'r pastai a'u rhoi ar yr hambwrdd. Brwsiwch ychydig o'r wy drostyn nhw.

10 Pobwch am 15 munud nes eu bod yn euraidd. Gallwch eu gweini gyda llysiau gwyrdd wedi'u stemio.

Hac Henry

Gallwch ddefnyddio briwgig cig eidion gyda blas tsili, neu borc gydag afal ffres

LASAGNE CYW IÂR

Paratoi
15 munud

Coginio
45 munud

Digon i
4-6

Cynhwysion

- **2 frest cyw iâr wedi'u torri'n giwbiau**
- **3 sleisen o facwn**
- **Cenhinen**
- **8-10 dalen *lasagne***
- **200g caws *cheddar* wedi'i gratio**
- **500ml o laeth**
- **50g menyn**
- **25g blawd plaen**
- **1 llwy de o bowdr mwstard**
- **1 llwy de o bowdr garlleg**
- **1 llwy de o berlysiau cymysg**
- **Pupur a halen**

1 Cynheswch y ffwrn i 200°C/Ffan 180°C/Nwy 6.

2 Er mwyn ychwanegu at flas y cyw iâr gallwch ychwanegu pupur a halen a phowdr garlleg ato cyn mynd ati i'w goginio. Gwnewch yn siwr ei fod wedi coginio'n iawn ond heb frownio. Rhowch ar blât a'i roi o'r neilltu.

3 Yn yr un badell, ffriwch y bacwn a'r genhinen mewn llond llwy fwrdd o olew.

4 Ychwanegwch y perlysiau a'r powdr mwstard at y bacwn a'r genhinen. Rhowch gaead ar y badell ffrio a choginio'r cyfan am 10 munud ar wres isel.

5 I wneud y saws, cynheswch y llaeth, y menyn a'r blawd yn araf mewn sosban nes ei fod yn mudferwi'n araf, gan chwisgio'n gyson.

6 Coginiwch am 2-3 munud arall nes bod y saws yn ddigon trwchus i orchuddio cefn llwy.

7 Ychwanegwch hanner y caws a dal i droi nes bod y caws wedi toddi. Yna, tynnwch y sosban oddi ar y gwres.

8 Irwch ddysgl fas sy'n dal gwres gydag ychydig o olew.

9 Rhowch haenen o gyw iâr a bacwn yn y ddysgl. Ychwanegwch haenen o *lasagne*, yna hanner y saws. Gwnewch hyn eto a gorchuddiwch yr haenen uchaf â chaws.

10 Pobwch y *lasagne* yn y ffwrn am 30 munud neu nes bod y caws wedi crasu. Gadewch iddo oeri am 5 munud cyn gweini.

Hac Henry

Mae rysetiau traddodiadol Eidaliadd yn defnyddio tomatos sydd wedi'u hidlo i greu past trwchus (*passata*). Gallwch ychwanegu hwn i'r cymysgedd cyw iâr os am *lasagne* mwy traddodiadol.

CACEN VICTORIA

Paratoi
10 munud

Coginio
20-25 munud

Digon i
6-8

Cynhwysion

- 200g siwgr mân
- 200g menyn meddal
- 200g blawd codi
- 4 wy wedi'u curo
- 2 lwy fwrdd o laeth
- 1 llwy de o bowdr codi

Llenwad

- 170g jam mefus o ansawdd da
- 140g siwgr eisin
- 100g menyn meddal
- Diferyn o rin fanila
- Siwgr eisin i addurno

1. Cynheswch y ffwrn i 170°C/ Ffan 150°C/Nwy 3.

2. Irwch ddau dun crwn (20cm) â menyn a rhoi papur gwrthsaim ar waelod ac ochrau'r tuniau.

3. Mewn powlen fawr, cymysgwch yr holl gynhwysion yn dda gyda llwy bren (10 munud) neu chwisg drydan (2 funud).

4. Rhannwch y cymysgedd rhwng y tuniau pobi a'i lyfnhau â sbatwla neu gefn llwy.

5. Pobwch am ryw 20 munud neu nes bydd y gacen yn bownsio'n ôl wrth bwyso'n ysgafn arni, neu pan fydd sgiwer yn dod allan ohoni'n lân.

6. Trowch y gacen ben i waered ar rac weiren a'i gadael i oeri'n llwyr.

7. I wneud y llenwad, curwch y menyn nes ei fod yn llyfn ac yn hufennog. Ychwanegwch y siwgr eisin yn raddol, a diferyn o rin fanila.

8. Pan fydd y gacen wedi oeri'n llwyr taenwch yr hufen dros waelod un sbwng a'r jam dros waelod y llall, yna rhowch y sbwng jam ar ben y sbwng hufen.

9. Ysgeintiwch ychydig o siwgr eisin dros y gacen cyn ei gweini. Gallwch hefyd gynnwys ffrwythau bach fel mafon, mefus neu lys (dewisol)

10. Cadwch y gacen mewn bocs awyrglos a'i bwyta o fewn 2 ddiwrnod.

Hac Henry

Cyn rhoi'r tuniau yn y ffwrn, byddai'n syniad da i chi eu taro ar y bwrdd yn ysgafn i gael gwared ar unrhyw swigod yn y cymysgedd. Drwy wneud hyn, dylech gael cacen heb dyllau mân ar y top.

MYFFINS AFAL A SINAMON

Paratoi
15 munud

Coginio
20 munud

Digon i wneud
12

Cynhwysion

- **315g blawd plaen**
- **250g siwgr mân**
- **180ml o laeth**
- **125ml o olew blodau'r haul**
- **2 wy wedi'u curo**
- **2 afal coch**
- **2 lwy fwrdd o siwgr demerara**
- **1 llwy de wastad o bowdr codi**
- **1 llwy de o bowdr sinamon**
- **12 cas myffin**

1. Cynheswch y ffwrn i 180°C/Ffan 160°C/Nwy 4.

2. Rhowch 12 cas myffin ar hambwrdd pobi neu mewn tun pobi myffins.

3. Hidlwch y blawd, y powdr codi a'r sinamon i bowlen fawr ac yna ychwanegu'r siwgr.

4. Mewn powlen, cymysgwch yr wyau, yr olew blodau'r haul a'r llaeth yn dda.

5. Pliciwch yr afalau, tynnu'r canol, a'u torri'n ddarnau mân (tua 10mm neu lai).

6. Ychwanegwch y cymysgedd gwlyb at y cymysgedd sych a phlygu popeth yn ofalus gan osgoi cymysgu. Ychwanegwch yr afalau.

7. Llenwch y casys myffin nes eu bod yn ¾ llawn.

8. Cymysgwch y siwgr demerara a'r powdr sinamon mewn powlen fach. Rhowch lond llwy de o'r gymysgedd yma ar ben pob myffin.

9. Pobwch am 20 munud neu nes bydd y myffins wedi codi ac yn euraidd.

10. Gadewch i'r myffins oeri yn y tun am funud neu ddwy cyn eu gosod ar rac weiren i oeri. Cadwch y myffins mewn cynhwysydd awyrglos a'u bwyta o fewn diwrnod neu ddau.

GEIRFA

almon mâl - *ground almonds*
betys - *beetroot*
blawd corn - *cornflour*
blodigyn brocoli - *broccoli floret*
briwgig - *mince*
burum - *yeast*
ceuled - *curd*
cnau cyll - *hazelnuts*
coesyn brocoli - *broccoli stem*
corbwmpen - *courgette*
corbys - *lentils*
corgimychiaid - *prawns*
corn melys - *sweetcorn*
ewin garlleg - *garlic clove*
ffacbys - *chickpeas*
hidlo - *to sieve*
iro - *to grease*
llaeth cyddwysedig - *condensed milk*

llugaeron - *cranberries*
malws melys - *marshmallows*
mudferwi - *to simmer*
papur gwrthsaim - *greaseproof paper*
perlysiau - *herbs*
rhin fanila - *vanilla extract*
rholbren - *rolling-pin*
saws Caerwrangon - *Worcestershire sauce*
sbigoglys - *spinach*
shibwns - *shallots*
shibwnsyn - *shallot*
siocled taenu - *chocolate spread*
sinsir - *ginger*
siwgr mân - *caster sugar*
surop melyn - *golden syrup*
ysgeintio - *to sprinkle*

CEISIWCH FOD YN ECOGYFEILLGAR

- Pan fyddwch chi'n siopa, ceisiwch ddewis cynhwysion sydd ddim mewn pecynnau plastig.
- Irwch hambwrdd coginio gyda menyn er enghraifft neu defnyddiwch becyn papur (e.e. pecyn crwst) yn lle papur gwrthsaim.
- Byddwch yn fentrus, rhowch gynnig ar wneud crwst cartref, sy'n her ar y dechrau ond yn hawdd ar ôl ychydig o ymarfer.
- Rhowch wastraff heb ei goginio yn y domen gompost.

Cyhoeddwyd gyntaf yng Nghymru yn 2022 gan Atebol Cyfyngedig, Adeiladau'r Fagwyr, Llanfihangel Genau'r Glyn, Aberystwyth, Ceredigion, SY24 5AQ. Ryseitiau gan Lloyd Henry. Hawlfraint y testun © Atebol 2022. Hawlfraint y cyhoeddiad © Atebol Cyfyngedig 2022. Anfoner pob ymholiad hawlfraint at Atebol. ISBN 978-1-80106-292-3. Cedwir pob hawl. Ni chaniateir atgynhyrchu unrhyw ran o'r cyhoeddiad hwn na'i drosglwyddo mewn unrhyw ffurf neu drwy unrhyw fodd, electronig neu fecanyddol, gan gynnwys llungopïo, recordio neu drwy gyfrwng unrhyw system storio ac adfer, heb ganiatâd ysgrifenedig y cyhoeddwr. Dymuna'r cyhoeddwr gydnabod cymorth ariannol Cyngor Llyfrau Cymru.